LABORATORIO DE DEPORTES

Mundo helado

LABORATORIO DE DEPORTES

Norberto Domínguez Jurado

Ilustraciones de Norberto Domínguez Jurado

Laboratorio de deportes IV
Mundo helado

Primera edición: 2024

ISBN: 9791387524029

© del texto y las ilustraciones:
   Norberto Domínguez Jurado

© del diseño de esta edición:
   Caligrama, 2024
   www.caligramaeditorial.com
   info@caligramaeditorial.com

Impreso en España – Printed in Spain

A mis hijos,
Hugo Domínguez Jaime
y *Valeria Domínguez Jaime*

Índice

(1)
ROMPIENDO EL HIELO

Si pudieras volver atrás en el **tiempo**…

¿Has pensado qué **cambiarías**?

¿A **quién** visitarías?

¿**Dónde** estarías?

A veces me lo pregunto, como teniendo la sensación de que puedo **viajar** a través de las ondas del **espacio**, por medio de los recuerdos y las leyendas, en medio de las historias y los principales acontecimientos. Creí que era **cierto**.

Y ahora, en este *"ahora"*, te das cuenta de que nunca hay *"vuelta atrás"*. El tiempo solo corre hacia delante. No intentes cambiarlo. **Disfrútalo.**

Quiero saber que estás **bien.**
Quiero saber que aún me **recuerdas.**
Quiero seguir sabiendo de **ti.**

El mismo **tiempo,** a veces, nos conduce solos.

Y aquí me ves, escribiendo en un **diario de papel,** pues resulta imposible no sentirse *controlada* por la **hiper-conexión** a la que nos vemos sometidos en el **año 2090.** Abrir nuestro **blog** y verlo sin *entradas* me parte el **corazón.** Ha pasado mucho desde la última vez que nos vimos.

Comprendí que mi misión en aquel estadio no era otra que la de entretener a la **Doctora Martínez.** Una vez que desapareciste, todo se complicó: la gente desalojó en estadio ante el peligro de aquellas *vestimentas deportivas* con ***Inteligencia Artificial.***

La **Doctora Martínez** y su gente se enfadó mucho conmigo. Descubrieron que el **Señor Hornero** no era quien decía ser. Tuve que dar tantas explicaciones… **Leo Smith** hizo un gran trabajo, pero dejó demasiadas incógnitas abiertas. Reconocí que estaba trabajando para la *Presidenta de la Federación Mundial del Deporte*. Se molestaron mucho, pero sabían que yo era importante para ellos, para el "*proyecto*" que tenían entre manos.

Era la única que sabía utilizar la **impresora 3D** de todos ellos. No consiguieron descifrar cuál era la **clave** para su adecuado uso. Se aprovecharon, y bien.

Me tiré como **dos años** viviendo en aquellas instalaciones: *tecnología puntera de última generación, recursos a raudales* y mucha *imaginación* para convertir lo útil en algo **dañino**. Lo pasé tan mal… Sentía que, si hubieses estado aquí, si hubiéramos estado juntos, habríamos sabido encontrar una solución.

En el momento que pude, me beneficié de su *"confianza"*, y comencé a trabajar en un proyecto en solitario: empecé con una línea de **ropa funcional**, en donde las personas que veían **reducida su movilidad** volvían a recuperar movimiento en extremidades que lo habían perdido. Luego, comencé a trabajar en los materiales de las casas: **paredes con multifunción** que daban **información en tiempo real del clima**, los niveles de **contaminación** y hasta el **tráfico**.

Mis **proyectos** llamaron la atención de personas muy influyentes. Quisieron que desarrollara mis ideas, que siguiera trabajando en ellas. **Y así lo hice**.

La **Doctora Martínez** y sus secuaces nunca me lo perdonaron. Pasé mucho tiempo a la sombra, aguantando **carros y carretas**, y estropeé algunos *"prototipos"* de su ropa para **super-deportistas**. Ahora me persiguen allá por donde voy, copiando mis productos e intentando sacar sus propias patentes. Por supuesto, monté mi propia marca: *HB Corporation*. Había que darle un toque *anglosajón...* Ya sabes... Pero claro... La idea de los super-deportistas era tan tentadora que muchas de las personas influyentes que me ayudaron a crear mi imperio pronto me pedirían que me centrase en ella.

Y aquí me tienes. Escribiendo, de puño y letra, por miedo a que alguien pudiese leerme. *Te echo de menos, Hugo Domínguez*. **Mucho**...

Ojalá estuvieses aquí —Helena dejó el **bolígrafo** de la mesa y se sentó en la silla de su despacho. Encendió su ordenador y tecleó en la barra de dirección el *blog* **Laboratorio de Deportes**.

—Esto… Debe de ser una broma, ¿no? —Helena acababa de percatarse de que el *blog* tenía una nueva entrada. Era *Hugo*, escribiendo desde algún lugar:

Solo espero que lea esto y pueda decirme que no es real, que mi padre, Leo Smith y la Presidenta de la Federación Mundial del Deporte se equivocan. Solo espero que podamos retomar nuestro viaje por el mundo y conocer todos los deportes de la Tierra.

—¡NO PUEDE SER! ¡NOOOO PUEEEDEEE SEEEEER! ¡Es Hugo! —Helena no podía creérselo. De alguna forma, *Hugo* y ella seguían *"conectados"* a través del *blog* que creaban en conjunto.

—¡¡¡*Tengo que escribirle*!!! Pero… ¿y si alguien me **pilla**? Tuve que dar muchas explicaciones de por qué una chica que **no existía** en esta era de pronto, apareció y creó una gran corporación —Helena tecleaba y borraba a partes iguales. No estaba segura de que fuese una buena idea escribir en el *blog*.

—Tengo que hacerlo. No puedo **dejarle**. Ahora no:

¿Y QUIÉN TE HA DICHO QUE NO LO PODAMOS SEGUIR HACIENDO, HUGO? CORTO Y CAMBIO, **DESDE ALGÚN LUGAR DEL TIEMPO**, DONDE *TE SIGO ECHANDO DE MENOS*…

Y de pronto, en aquel despacho, sonó en la puerta un enorme estruendo: varios **tipos** vestidos de *manera rara* echaron la puerta abajo. No dejaban de gritar que levantara las manos y las pusiera a la vista de ellos. Me sentía como una criminal, como si hubiese hecho algo malo. Ahí empezó el principio del fin. Conseguí **encriptar** el *blog* antes de levantar las manos. Solo que ahora… Tienes que descifrarlo **tú**…

(2)
BRISA DE INVIERNO

Mi **careto** lo decía todo.

La boca se me había **desencajado**.

¿Helena? *¿Helena Borges?*

¿Mi Helena?

Estaba escribiendo.

Estaba bien.

Estaba…

¿¿¿¡¡¡Dónde está Helena!!!???

—Querido señor Domínguez, parece que ya te ha llegado el mensaje —comenzó diciendo la *Presidenta de la Federación Mundial del Deporte.*

—¿Cómo que ya me ha llegado el **aviso**? ¿Por qué tengo la sensación de que todos sabéis algo que yo no sé y nadie quiere decírmelo? —exclamó Hugo.

—*Hugo*, llevas razón. No podemos mentirte. Sin embargo, tampoco podemos decirte el futuro a corto plazo. Arruinaría nuestros planes... —añadió Leo Smith, con **cara de preocupación**.

—A ver... A ver... A ver... ¿Cómo que nuestros planes? ¿Vuestros planes? ¿Pero qué es esto? No voy a dar un paso más sin que me contéis —Hugo, **visiblemente enfadado**, se sentó con fuerza en una silla próxima al lugar en el que se encontraban la *Presidenta*, Leo Smith y su padre.

—Disculpad, ¿Podéis dejarnos a solas un momento? Necesito hablar con Hugo —añadió su padre. La *Presidenta de la Federación Mundial del Deporte* y Leo Smith asintieron con la cabeza y se marcharon de aquella habitación.

—**Papá**, esto es horrible. ¿Por qué no puedo saber lo que va a pasar? ¿Por qué todo el mundo lo sabe menos yo? No tiene sentido —Hugo se veía agotado. Hablaba con resignación, por no saber cómo poner solución a todo lo que estaba ocurriendo.

—Verás. Creo que es un buen momento para leerte algo. Es una carta. ¿Puedo? —preguntó el padre de Hugo, a lo que este respondió afirmativamente, **asintiendo con la cabeza**.

¡Hola, cariño!

¿Cómo vas? Esperamos que lo estés pasando genial. Suponemos que hará mucho frío por allí. Abrígate bien y ve siempre atento por allá por donde camines. Tú solo disfruta.

Te echamos de menos. Tenemos muchas ganas de verte y que nos cuentes qué tal ha ido todo. Supongo que tendrás mucho que contar. Papá y yo estamos bien. Él sigue quejándose como siempre y yo sigo evitando sus quejas. Lo de siempre, jajaja.

Te queremos mucho. No lo olvides.

Papá y mamá.

—Papá, pero si es…

—Jajaja sí. Es el mensaje que te escribimos cuando fuiste de *viaje a Dublín*. Fue **tu primer viaje sin nosotros**. Tu **madre** estaba tan preocupada… La verdad que yo también, *para qué nos vamos a engañar*. Pero de diferente **forma**, ¿eh? El caso es que este fue el mensaje que… —Hugo interrumpió la frase de su padre antes de que pudiera terminarla.

—**Este fue el mensaje que me escribisteis poco antes de que nos cambiara la vida**. Aún lo recuerdo, como si fuera ayer… ¿Por qué, papá? **¿Para qué me lees esto ahora?**

—Tú sabes tan bien como yo que **no debo estar aquí**. No es "*mi tiempo*", solo que aparecí porque era el "*preciso momento*".

—¿Cómo? Me estás asustando, papá. Dime que eso no significa que **vas a volver a irte**. *¡Dime que otra vez no!* ¡No puede ser! **¡ESTO NO ES JUSTO!** —Hugo levantó la voz, con *lágrimas en los ojos*, mientras se movía de aquel asiento.

—Entiendo tu **enfado**. Créeme, yo también me siento mal. Pero esto funciona así. **En la vida no siempre podemos elegir las cosas que nos suceden**. De lo que sí que tenemos oportunidad es de tomar decisiones que vayan **allanando nuestros caminos en el futuro**, que nos faciliten las cosas en otros momentos determinados. **Es la vida misma.**

—**Pensaba que viniste para no** irte. Pensaba que podríamos **compartir todo el tiempo** que no pudimos pasar juntos. Ahora *se me parte el alma*. Tengo el **corazón roto**, papá.

—*Lo sé* —el padre de Hugo se quedó mirándole fijamente a los **ojos**, casi inmóvil, como si de una **imagen congelada en el tiempo** se tratase.

—¿No dices nada? —añadió Hugo—verte ahí parado me hace sentir peor ¿¿¡¡POR QUÉ NO DICES NADA!!?? —Hugo, gritando, mientras **señalaba** a su padre con desesperación.

—*A veces no hace falta decir nada.* **Solo puedo mirarte y sentirme orgulloso.** Lo estoy por la **persona** en la que **te has convertido** —dijo su padre, nervioso.

—Pero papá…

—**Ahora cierra los ojos.** *Escucha solo mi voz.* **Estoy aquí, contigo.** *Solo quiero que pienses en lo bueno que hemos compartido* **¿Puedes verme?**

—Si, **papá**… *Puedo verte* —dijo Hugo, con *voz rota.*

—**Cada vez que lo eches en falta estaré ahí.** *Solo tienes que cerrar los ojos.* <u>**Te llevo conmigo**</u> —como si de un **amanecer** se tratara, un *destello* inundó aquella habitación. El **padre de Hugo** había desaparecido. Justo al escucharse, la *Presidenta de la Federación Mundial del Deporte* y Leo Smith entraron la habitación de aquel *inhóspito* y *desconcertante* lugar.

—Hugo… ¿Estás bien? —preguntó Leo Smith.

—¿Os importa si tomo el **aire** un segundo?

—Tómate el **tiempo** que necesites, Hugo —dijo la *Presidenta de la Federación Mundial del Deporte,* mientras posaba su mano en el **hombro** de Hugo.

—*Tengo que salir de aquí* —Hugo se secó sus lágrimas y giró el **picaporte** de la habitación.

—¿Cómo puedo haber perdido más en **un segundo** que en buena parte de mi vida? *Helena, papá,...* Cada vez entiendo **menos** de todo. Cada vez entiendo menos de absolutamente **nada**... —Hugo salió a un denso patio, *cabizbajo*. **Respiró hondo** y **cerró los ojos**, como le había dicho su **padre**.

Y ahora, ¿Qué ves cariño?

—Te veo a ti, papá. **Te veo a ti**.

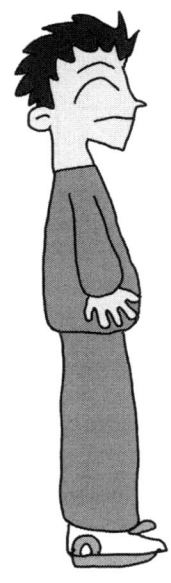

(3)
BAJO CERO

—Es hora de ser **valiente**. **Lo conseguiré**. Estoy seguro de que **lo conseguiré** —Hugo abrió sus ojos y de pronto, sin esperarlo, gritó con estupor.

—¿¿¡¡PERO QUÉÉÉÉÉÉ!!?? —Hugo vio que estaba rodeado de montañas nevadas, de densas capas de nieve que cubrían aquel patio. Se veían pequeños **estanques de agua helados** y el frío era tan menudo que echaba en falta un buen **abrigo**.

—Creo que vas a necesitar esto, **chaval** —la *Presidenta* salió al patio y le entregó un grueso abrigo.

—Aquí, como te despistes te congelas, *Hugo Domínguez* —dijo Leo Smith, sonriéndole.

—¿Se puede saber dónde estamos? —preguntó.

—Estamos en *Quebec (Canadá)* —respondió Leo.

—Ahora mismo estoy flipando, ¿En serio estamos en el país de los deportes de hielo por excelencia? **¿Qué hacemos en Canadá?** ¡Necesito ir a ver un partido de *Curling* ahora mismo!

—Podría decirse que... Necesitábamos viajar hasta este punto. Quizás tengas cosas más importantes que hacer ahora mismo que ver un partido de *Curling*, ¿No crees? —contestó la *Presidenta de la Federación Mundial de Deportes*, mientras levantaba una ceja con incredulidad.

—Supongo que podré esperar... Ahora bien: creedme cuando os digo que no perderé la oportunidad de ver un **gran encuentro** aprovechando que estamos en uno de los países en donde mejor **Curling** se practica... Que nadie se olvide que, durante el confinamiento, creé el **Futling** ¡Será un buen momento de enseñárselo a los *canadienses*!

¿HOLA? ¿HOOOOOLAAAAA? PROBANDO, PROBANDO. ¿ALGUIEN PUEDE LEERME? EL TECLADO NO HACE MÁS QUE DARME ERROR, PERO ¿QUÉ ES ESTO? JAMÁS LO HABÍA VISTO:

<non function data>

<non function data>

<non function data>

<non function data>

<non function data>

<non function data>

<non function data>

<non function data>

DICHOSO CACHARRO. MENUDO DÍA PARA ESCACHARRARSE. A VER SI TECLEANDO…

<non function data>

<non function data>

<non function data>

<non function data>

<non function data>

¡¡¡¡AAAAAAAAAGH!!!! ES DESESPERANTE…

—¿No has pensado que, quizás, pudiera ser la cobertura? —preguntó la *Presidenta*.

—¿La **cobertura**? Con todos mis respetos, *Señora Presidenta*, pero con tantos saltos en el tiempo no creo que la cobertura influya mucho en todo esto.

—*Eh*, Hugo. Tampoco te pongas chulito. Piensa que vamos conduciendo a través de esta **carretera nevada**, con las cadenas puestas en las ruedas y con un frío de espanto. ¿Por qué no podría ser? —añadió Leo Smith, mientras conducía el **coche** en el que se dirigían carretera abajo por un **largo camino nevado**.

—De acuerdo. No lo había pensado. Lástima que no tenga aquí conmigo la **impresora 3D**. Al menos está en buenas manos, con **Helena** —dijo Hugo, mientras agachaba la cabeza con pesar.

—Si te hace falta, solo tienes que pedirla —la *Presidenta de la Federación Mundial del Deporte*, casi sin dejarlo terminar, sacó de su bolsillo algo alargado.

—**No es posible**… —Hugo, boquiabierto, no cabía en su asombro. Se trataba de otra *impresora 3D*, igual que como la recordaba.

—*Señor Domínguez,* me sorprende que te sorprenda, la verdad. ¿Acaso dudabas de que la *Presidenta de la Federación Mundial del Deporte* pudiese disponer de una **impresora 3D**? Me siento totalmente menospreciada... —dijo la *Presidenta,* con cierta ironía, mientras miraba a Leo Smith, que seguía conduciendo el coche por aquella carretera.

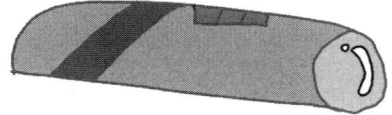

—La verdad que esto es genial. Leo, ¿Podrías parar un momento a un lado de la carretera? No me fío de que la cosa se me vaya de las manos —añadió Hugo, mientras Leo Smith hacía caso a su petición, parando el **vehículo** y aparcándolo a un lado del *arcén* en aquella **interminable carretera.**

—Vale, bien, esto… A ver qué se me ocurre hacer con esta cosa… —mientras Hugo pensaba, Leo Smith y la *Presidenta de la Federación Mundial del Deporte* se miraban con cierta sorna.

—Ok, ok. Ya estoy listo. Por favor, apartaos. No sé cómo va a salir. Espero no fabricar una *catapulta* o una especie de *castillo hinchable gigante* —Hugo agarró la **impresora 3D**, cerró los ojos y…

—Vale, perfecto, ya está —mientras Hugo recogía del suelo un pequeño *"fragmento"* que se había creado en la impresora, la *Presidenta* y Leo Smith se quedaron atónitos, casi sin saber qué decir.

—A ver, Hugo, no quiero ser **malpensado**, pero… Creo que no te ha salido muy bien, ¿No te parece? —preguntó Leo Smith.

—Tranquilos, tranquilos, mirad: —mientras Hugo cogía aquel objeto del suelo, descubría una especie de **capuchón**: se trataba de un **dispositivo** para poder conectarlo a su *ordenador portátil*. Se trataba de un *amplificador multisistema*. Una **antena** con la que poder conectarse sin límite de cobertura.

—Ahora llega el momento de *magia potagia*: **tachán, tacháán, taaaaaaaachán** —nada más conectar el dispositivo, el ordenador de Hugo comenzó a cargar un **montón de actualizaciones**. Era como si, de pronto, el **ordenador** tuviese que cargar mucha información en muy poco tiempo. Pronto, la pantalla se puso negra y el equipo se reinició. Nada más hacerlo, se conectó al *Blog*.

—¡**VAAAAMOOOOOOOS**! ¡Lo he conseguido!

—La verdad, Hugo, me has sorprendido. Ahora, haz lo que tengas que hacer —dijo la *Presidenta*.

<system connect>

<system connect>

<system connect>

EY, YA ANDO DE VUELTA POR AQUÍ.

¿ALGUIEN PUEDE LEERME?

HELENA, ¿ESTÁS AQUÍ?

Y de pronto, en aquel despacho, sonó en la puerta un enorme estruendo: varios **tipos** vestidos de *manera rara* echaron la puerta abajo. No dejaban de gritar que levantara las manos y las pusiera a la vista de ellos. Me sentía como una criminal, como si hubiese hecho algo malo. Ahí empezó el principio del fin. Conseguí **encriptar** el *blog* antes de levantar las manos. Solo que ahora… Tienes que descifrarlo **tú**…

—¡*Presidenta*! ¡Leo! Helena está en apuros. ¡Tenemos que irnos ya! Pero… ¿A dónde?

—Hugo, espera. ¿Qué ocurre?

—Leo, no tenemos mucho **tiempo**. La han atrapado, **¡Tienen a Helena!**

—Pero, ¿Quién la ha atrapado? ¿Y dónde?

—El problema **no es quién ni dónde**, Leo. **El problema es cuándo**. Hugo, debes preguntarle a Helena en qué momento se encuentra. No podemos viajar en el **tiempo** sin saber dónde ir —añadió la *Presidenta de la Federación Mundial del Deporte.*

—No tenemos que viajar en el tiempo. Helena está aquí, digo está *ahora*: en el **año 2090**. Solo tenemos que encontrarla y yo sé cómo hacerlo.

—Cuando empezamos a usar por primera vez la **impresora 3D,** nos dimos cuenta del valor que tenía si algún día se perdía. No podíamos cargar con esa responsabilidad sin antes saber dónde se encontraba. Por eso, le añadimos una **pegatina GPS** en la base trasera. Así, podríamos encontrarla siempre que tuvieses problemas con perderla.

—Me acabas de dejar **impresionada**, Hugo.

—Entonces, ¿Tienes su **posición**? —añadió Leo.

—Creo que sí. Voy a **conectarlo** ahora mismo.

—¡Está aquí, en **Quebec**! Pero eso es… ¿Cómo es posible que esté en la misma ciudad que nosotros? Aquí está pasando algo raro —Hugo intuía que la *Presidenta* y Leo Smith le estaban ocultando algo.

—Bueno, Hugo, debo reconocer que eres **verdaderamente rápido** atando cabos. Sé que te gusta ser profesor, pero tu faceta de investigador se quedaría muy desaprovechada —dijo la *Presidenta*.

—Entonces, ¿Qué es lo que quiere decirme con eso? ¿Por qué estamos en **Quebec**? ¿Sabíais que **Helena** estaba aquí?

—Técnicamente, puede decirse que…

—¡Espera, Leo! —la *Presidenta* interrumpió de inmediato a Leo Smith, sin dejarle **terminar la frase.**

—Hugo, créenos cuando te decimos que es demasiado complicado para ti. Para cualquiera. Podríamos estar **horas explicándotelo**, pero no ayudaría en nada a nuestra misión. Solo… Complicaría aún más las cosas —dijo la *Presidenta*, mientras miraba a Hugo enternecida.

—**¿Más cosas?** ¿Todavía más? He visto y he perdido a mi padre en un mismo día. He dejado atrás a mi compañera de viaje y, para colmo, estoy un país helado de frío sin saber hacia dónde debo dirigirme. **¿¡De verdad pensáis que podría sorprenderme con algo más a estas alturas!?** —gritó Hugo.

\<system connect\>

\<system connect\>

Mensaje automático: *si estás leyendo este mensaje es porque ahora mismo no puedo contestarte. Es decir: estoy en apuros. Date prisa.*

(4)
BOLA DE NIEVE

Mi *madre* solía hablarme del *"efecto bola de nieve"*. Es un término muy utilizado en *Psicología*.

Se basa en una **metáfora**: lo que empieza siendo pequeño puede llegar a convertirse en algo muy grande. A veces, en *positivo*. A veces, en *negativo*.

Toda esta situación, todas estas circunstancias, estaban pudiendo **conmigo**. Me sentía mal, angustiado, casi sin ganas de seguir profundizando en esta historia. Solo continúo por ella, por mi **Helena**.

No tuvo una infancia fácil. Siempre fue todo corazón. No hubo absolutamente nada que no me ofreciera estando conmigo. **La quiero tanto**…

Ahora, ha llegado ese momento en el que tomar **decisiones** comienza a importar. Es como la vida misma: no siempre queremos decidir por nosotros mismos, pero al final, en el mismo *"borde del precipicio"*, nos damos cuenta de cuál será la mejor decisión para tomar.

Nosotros hemos decidido **salvar el mundo**.

Para salvar el mundo, primero tengo que **salvar a Helena** de la situación en la que se encuentra.

Para salvar a Helena, necesito volver a estar en plenitud de **condiciones** y concentrarme. Voy con una eminencia y su ayudante para terminar esta misión. No creo que sea un buen momento para echarse atrás.

—Hemos llegado. Dejemos el **coche** detrás de esos **arbustos** y entremos sin que nos vean. Ciertamente, esto tiene **pinta** de ser peligroso. El día puede ser largo… —dijo Hugo, mientras se escondía en la **maleza** a la que habían llegado.

Era una especie de fortín.

Un edificio camuflado en medio de la nada.

En plena naturaleza, con la nieve disimulando.

Era ciertamente bello de contemplar, pero no teníamos tiempo para otra cosa que no fuera rescatar a Helena de sus captores.

En un momento dado conseguimos ver algo: era un cuadro en el que aparecía... **¡¡LA DOCTORA MARTÍNEZ!!** Cómo no, seguía haciendo de las suyas y había capturado a Helena. Seguro que todo esto viene por culpa de la **impresora 3D**. ¡Estoy harto!

—Si, Hugo, yo también lo estoy —dijo la *Presidenta de la Federación Mundial del Deporte*.

—Tengo una idea, chicos. Llamaré a la puerta y los entretendré. Mientras tanto, podéis acceder a las instalaciones por medio de esto: un **abridor de puertas interdimensional** —dijo Leo Smith.

—Ya empezamos con los **aparatejos. ¿Para qué sirve esto ahora? —preguntó** Hugo.

—Tiene una función parecida al reloj de viajes en el tiempo, solo que permite "*romper*" las moléculas de los objetos. Las separa y abren "*puertas*" allá donde se utilicen. Tened cuidado. *Presidenta*, mucha precaución… —Leo se alejó de la *Presidenta* y de Hugo, mientras se acercaba a aquella enorme puerta. Mientras tanto, Hugo y la *Presidenta* buscaban la señal del **GPS** colocado en la **impresora 3D** para poder estar lo más cerca posible de Helena.

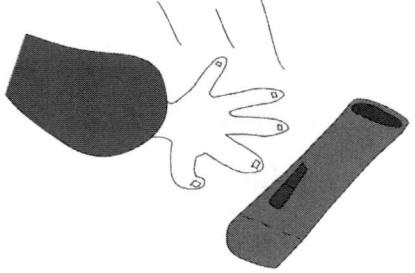

—Vale. Es aquí. *Presidenta*, échese atrás. Voy a utilizar este invento. Es extraño: el **GPS** señala que está justo detrás de esta pared. Vamos allá…

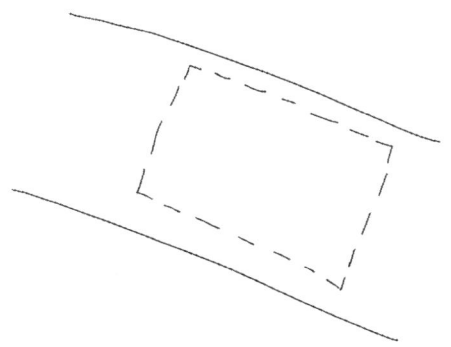

¡¡¡FOOOOOOOOOOOOOUUUUGHHHHH!!!!

Una gran onda se abrió en la pared.

Era una habitación pequeña, parecida a un despacho. Pero no estaba Helena, no se le veía.

—Hugo, ¿Estás seguro de que el GPS marcaba la señal justo aquí? —preguntó la *Presidenta*.

—Seguro. No lo entiendo —mientras Hugo respondía a la *Presidenta*, registraba los cajones de aquel pequeño habitáculo.

—¡**LO TENGO**! —exclamó Hugo.

—¿Qué ocurre? ¿Qué ocurre? —preguntó la *Presidenta*, sobresaltada por el grito.

—Mire, *Presidenta*. Es la **impresora 3D** de Helena. Qué raro que no esté por aquí… Y qué extraño que no lleve este artilugio encima. Me resulta muy extraño todo… —mientras Hugo terminaba la frase, sacaba la impresora 3D que la *Presidenta* le había dejado. De pronto, al ponerlas juntas, las dos impresoras comenzaron a emitir un fuerte pitido.

RIIIIIIIIIIIIIIIIIIIIING.

RIIIIIIIIIIIIIIIIIIIIIIIIIIIIIIIIIIIIIIIING.

RIIIIIIIIIIIIIIIIIIIIIIING.

RIIIIIIIIIIIIIIIIIIIIIIIIIIIIIIIIIIIIIIIIIIING.

Las impresoras 3D comenzaron a pitar a elevados decibelios, sin saber por qué nos pitaron.

<ALARMA CONECTADA, INTRUSOS>

<ALARMA CONECTADA, INTRUSOS>

<ALARMA CONECTADA, INTRUSOS>

—¿Estás escuchando eso? Hay que salir de aquí pitando, Hugo —añadió la *Presidenta*, con rostro serio.

—Pero, *Presidenta*, **¡NO PODEMOS!** Hemos venido hasta aquí a por Helena. No nos podemos marchar sin más, tenemos que rescatarla.

—¡Chicooooooos, chiiicooooos! **¡CORREEEEED!** —Leo Smith les gritaba a lo lejos, mientras pasaba corriendo por el lateral de las **instalaciones** en las que habían creado una *"puerta"* de entrada.

—Ha llegado el momento, Leo. Actívalo —dijo la *Presidenta*, dirigiéndose a Leo Smith.

—Si, señora. **Así lo haré** —respondió Leo.

—¿**Activar el qué?** No pienso irme. No sin Helena. Hemos llegado hasta aquí y la esperaré.

—Hugo, si a ti te pasa algo… El plan se derrumbará… Y no podemos conseguir el **objetivo**. Tienes que entenderlo. Vamos, no tenemos mucho tiempo —dijo Leo Smith.

—Sé que ya has vivido esto, Hugo. Sé que hay muchas dudas por resolver y muchos misterios que ni si quiera conoces, pero este momento es igual de crucial que los anteriores —añadió la *Presidenta*.

—Me parece genial. Pero hoy no. Hoy no. Ha **llegado el momento de comience a escribir mi propia historia**. Ha llegado el momento de tomar las verdaderas decisiones —Hugo no quitaba ojo a la puerta, mientras se empezaban a escuchar helicópteros por la zona y cientos de focos se encendían por los alrededores de las instalaciones.

—Por cierto, creo que debéis volver. Se os está haciendo tarde —Hugo cogió la **impresora 3D** y apuntó hacia el lugar donde se encontraban la *Presidenta* y Leo. Un gran agujero se abrió en el suelo.

—¡**Te estás equivocando, Hugo!** ¡No puedes hacernos esto! ¡Páralo ahora mismo! —Leo Smith gritaba en medio del bullicio que se había creado. Se agarró a lo primero que pudo para evitar ser "*tragado*" por aquel boquete.

—¡*PRESIDENTA*! ¡**Dígaselo!** —Leo Smith seguía levantando la voz, mientras que la *Presidenta* en aquel momento le miró: se puso sus gafas y saltó dentro del agujero.

—No sabes lo que estás haciendo, Hugo. Te arrepentirás de todo esto. **Lo recordarás** —mientras Leo terminaba su frase, se soltó del lugar donde se encontraba agarrado y **cayó dentro del boquete**. Una vez engullidos, un gran destello cerró el agujero.

(5)
POLOS INVERTIDOS

—Oye, chaval. ¿Te encuentras bien?

—¿Qué si me encuentro bien? ¿Cómo que si me encuentro bien? ¿Por qué me preguntas eso, papá? Oh, no. Otra vez no… Papá, ¿Qué está pasando?

—Me temo que te has quedado *grogui*.

—¿Cómo he podido quedarme **dormido**? Estaba intentando salvar a Helena.

—Me temo que al cerrarse el portal que abriste en el suelo con la impresora 3D, la onda expansiva te empujó como dos metros y te golpeaste la cabeza. Ahora mismo estás **inconsciente**, tendido en el **suelo**.

—**Madre mía…** Papá, yo…

—No hace falta que digas nada. Lo sé. Ahora tienes que despertar. **¡DESPIERTA, DORMILÓN!**

—Aghhhhh. Mi cabeza... Ufff. ¿Helena? ¡HELENAAAAAAA! **¡Tienes que salir de ahí de inmediato!** —mientras se levantaba del suelo, Hugo corría hacia dentro, en la puerta que aún permanecía abierta, pero que cada vez era más pequeña.

Hugo, **¿Me recibes? ¿Hugo?**

Estoy aquí. Te oigo, pero no puedo verte.

Rápido. Sácame de aquí. Los trabajadores de la Señora Martínez tienen protocolos muy rigurosos. Cuando alguno de sus proyectos es descubierto, guardan sus datos encriptados en la nube y activan un programa de autodestrucción. **¡Van a volar este sitio!**

<Mensaje recibido>

—¿Qué es esto...? ¿Helena ha escrito en el Blog? Es imposible. ¡Pero si estoy aquí! **Intentaré llamarle**.

—¿Helena? ¿Helena, por favor, puedes oírme?

—¡HUGO! Te escu*ho muy mal, quizás no h*ya much* cobertur*. ¡TIEN*S QUE S*CARM* DE AQUÍ!

—Helena, estoy en la **habitación** donde guardaste la **impresora 3D**. Ven hacia aquí. Por favor.

—¿Cómo? Es* es i*posible, H*go. Estoy justame*te en esa hab*tación… —contestó Helena.

—¿¿¡¡QUÉÉÉÉ!!?? Vale, **que no panda el cúnico**. Digoooooo… **¡Qué no cunda el pánico!** Tiene que haber alguna **explicación**.

—Hugo, da igual… H*s hecho t*do lo que has p*dido —mientras Helena hablaba, un mensaje se escuchaba por megafonía: <<*dos minutos para la autodestrucción total*>>.

—**¡NO, HELENA! ¡NO LO HE HECHO!** Siempre podemos **hacer más**. Siempre podemos poner todo corazón y ofrecer nuestro total. **Me lo enseñaron mis padres**. **Me lo enseñaste tú**… *No te dejaré.*

—Jajaja, es i*creíble —mientras Helena contestaba, la megafonía seguía lanzando mensajes a viva voz: <<*un minuto para la autodestrucción total*>>.

—¿Se puede saber de qué te ríes? —dijo Hugo.

—De qu* siempre t* s*les con la **tuya**.

Aquella frase me hizo viajar por un momento.

Era como si, de pronto, volviese a ser un **niño**.

Estaba con mi **madre**, *cocinando*.

Nos encantaba pasar tiempo juntos.

Un día de tantos, en los que intentábamos hacer **tortitas** o simplemente una **merienda especial**, pasó algo fatal para mí en aquel entonces: era incapaz de mezclar la masa. Los **ingredientes** se dispersaban, los cubiertos se me caían de las manos y la cocina se quedaba hecha un desastre. Me ponía muy triste. Quería hacerlo bien, pero no me salía.

—¿Por qué lloras? —preguntaba su **madre**.

—Porque no sé hacerlo, mamá.

—¿Y dónde está el problema en eso? Todos aprendemos algún día, y no **existe tiempo** que valga para saber cuándo estamos **preparados**. A veces, necesitamos *paciencia*. Otras, solo necesitamos *prudencia*. Y solo algunas veces, también nos ayudamos de la **ciencia** —la **madre de Hugo** cogió sus **manos**: en una le puso una **cuchara**. En otra, un **tenedor** entrelazado.

—Ahora, vuelve a intentarlo —añadió su madre.

—¡Mamá, mira: **lo he conseguido!**

—A veces hay que **mirar más allá de lo que tenemos delante. Nadie nace sabiendo.** Todos aprendemos algo **cada día.** Si los **polos opuestos** no llegaran a atraerse, ¿Qué sería entonces de las **personas**?

Me acuerdo perfectamente.

Y ahí estaba la **clave** de todo.

Ahí estaba el **comienzo de algo nuevo**.

—¡HELENA! ¡Ya lo tengo! ¡Acabo de darme cuenta de algo! Saca tu reloj de viajes en el tiempo.

—Hugo, s*lo qued*n treinta segundos p*ra que esto explote. No cre* que… —Hugo la interrumpió.

—¡TÚ SOLO HAZLO! Por favor…

—Lo t*ngo, Hugo. *D*me*…

—Levanta la pletina del segundero del reloj. Por favor, tú solo hazlo… —mientras, en la llamada, se oía: <<*veinte segundos para autodestrucción total*>>.

—¿Qué *s est*, Hugo?

—Dime qué pone.

—Per*… —dijo nerviosa, Helena.

—¡NO TENEMOS TIEMPO! ¡Léeme qué pone!

—De acuerd*. Es un* **inscripción**. A v*r, esp*ra… P*ne: "*06-10-2018, el mejor día de mi vida*".

—No puede ser… **¡HELENA! Marca esa fecha en el reloj.** ¡Yo haré lo mismo! **¡RÁPIDO!**

—De acu*rdo. *V*y para allá*. Marc*ndo… —la **alarma** comenzaba a emitir elevados pitidos, llevando una cuenta atrás: <<*cinco, cuatro, tres, dos, uno,…*>>.

—**¡Yo también me voy!** —gritó Hugo.

¡BOOOOOOOOOOOOOOOOOOOM!

¡BOOOOOOOOOOOOOOOOOOOOOOOOM!

Un enorme estruendo sacudió aquel bosque.

Suerte que ya no nos encontrábamos allí.

A veces todo pasa tan **deprisa**…

Te da una **sacudida** y **reaccionas**.

La **vida** funciona así.

Y encima, en ese **tiempo**…

¿Qué tendrá de importante?

(6)
VALEROSAMENTE HELADOS

—Espera… Esto me suena. Estamos otra vez en **Málaga. ¿Cómo es posible?** El reloj activó el destino en cuanto marqué la fecha. Necesito hablar con Helena. Por cierto, **no recuerdo que nunca hubiese hecho tanto frío aquí…** —Hugo se disponía a llamar a Helena, con la esperanza de encontrarse en el mismo "*tiempo*" y en el mismo lugar.

—¿Hugo? ¿Eres tú? Ufffff, ¡Qué alivio! Pensaba que estaría solo en este lugar. **Menudo calor hacer aquí.** ¿Sabes dónde estoy? ¡En Málagaaaaa! ¡Qué ganas tenía de que volviésemos a nuestra tierra!

—¿Has dicho **Málaga**? Es imposible, Helenita. Yo estoy aquí y hace un frío de cuidado. Menos mal que guardé el abrigo que me dio Leo Smith.

—Hugo… Te digo que no… Es **octubre** y aquí **hace calor**. ¿O es que ya no te acuerdas que cada vez tarda más en sentirse el **otoño**? —le reprochó Helena.

—Helena. Siento ser **pesado**… Pero es imposible por completo. Estoy aquí, junto al *Muelle Heredia*, y me marca el día, la hora y la temperatura: **sábado, 6 de octubre de 2018, 09:00 a.m.** Estamos a 1 grado de temperatura Celsius… Por cierto… No te dije nada… **Sábado, 6 de octubre de 2018**.

—Es verdad. ¿Qué significaba la fecha? El caso es que me suena… *"El mejor día de mi vida"*, ponía en la inscripción del segundero —añadió Helena.

—Te suena… Porque **es el día en que nací**… Las cosas de mi **padre**. Sabía que si ese reloj fue un *"regalo"* de mi padre.

—Perdona. En aquel momento, del *Agente Atemporal*… —interrumpió Helena.

—Bueno, sí. Pero yo me entiendo. Sabía que de algún modo obtendríamos la respuesta. Mi padre es así, mi madre es así.

—Por cierto, antes dijiste que estabas cerca del *Muelle Heredia*. Es imposible. Yo también estoy viendo ese marcador. Aquí pone: *sábado, 6 de octubre de 2018, 09:00 a.m.*, 16 grados de temperatura Celsius… **¿Y cuál se supone que es la respuesta?**

—Mucho me temo, Helenita, que estamos en el **mismo tiempo** y en el **mismo lugar**. Sin embargo, quizás no estemos en la misma **realidad**.

—PERO ¿¿¡¡QUÉ ME ESTÁS CONTANDO!!?? Si lo llego a saber, me quedo en el año 2090 siendo **muchi-millonaria** —añadió Helena.

—Y digo yo... **¿Cuál se supone que es la explicación a todo esto?** ¿Cómo podemos volver a encontrarnos? —dijo Helena, preocupada.

—La verdad es que ahora mismo no tengo ni la menor idea... —añadió Hugo. De pronto, varios **agujeros interdimensionales** se abrieron alrededor de Hugo, saliendo de ellos decenas de personas.

—Pero bueno, **¿¡QUIÉNES SOIS VOSOTROS!?** —exclamó Hugo, que se quedó pálido al verlo.

—¿Hugo? ¡HUGOOOOO! ¿¡Qué está pasando!? —Helena gritaba al otro lado del teléfono, donde la *"cobertura"* cada vez funcionaba peor.

De uno de esos agujeros, como si de una estrella del rock se tratara, apareció la **Doctora Martínez** junto a sus **secuaces**.

—Querido **Hugo Domínguez**. Un placer volver a verlo. ¿Hablamos? —la Doctora Martínez, con voz desafiante, se dirigía a Hugo, mientras varios de sus ayudantes lo sujetaban para evitar que escapara.

—¡DEJADMEEEE! ¿Qué queréis de mí? —gritó.

—¡¡¡HUGOOOOOOO!!! Por favor, ¡Qué alguien lo ayude! ¿¡ES QUE NADIE VA A HACER NADA!?

— *Vaya. Jamás pensé que volvería a escuchar tu voz, Helena Borges* —al otro lado del teléfono, *Helena* se estremeció. Reconoció ese tono de voz al instante: la **Doctora Martínez**.

—¿¿¡¡TÚ OTRA VEZ!!!?? No puede ser… ¡NO PUEDE SER! ¡Deja a mi amigo en paz! —gritó Helena.

—Bueno, chicos. Creo es un buen momento de que escuchéis con atención. Pondré el altavoz para que ambos podáis oírme a la vez —dijo **Martínez**.

—Os preguntaréis porqué estáis en el mismo **lugar**, a la misma **hora**, en el mismo **año**… Pero con diferente temperatura. Bien. No es solo que la **temperatura sea diferente** del sitio en el que está Helena respecto al sitio en el que estamos nosotros, con Hugo. Vuestras imprudencias han creado lo que, en **términos astronómicos**, se denominaría como una *"realidad paralela"*. A veces, el **universo** genera sus propios mecanismos de defensa para evitar ser destruido, como la *madre naturaleza*.

—¡Deja de decir tonterías! —gritó Hugo.

—*Doctora Martínez*, entiendo que esté muy enfadada conmigo, pero no le haga nada a mi amigo. Venga hasta aquí y me entregaré. Pero suelte a Hugo. Él no tiene nada que ver en esto —dijo Helena.

—¿A qué te refieres, Helena? —preguntó Hugo.

—Jajajajaja. **¡Esto se pone interesante!** Creo que ninguno de los dos os estáis enterando de la película. ¿Por qué creéis que estamos en el 6 de octubre del año 2018? Es el año en que naciste, Hugo Domínguez. Concretamente, nacerás a las *16:10 p.m. de este día*. La *"pequeña"* diferencia está en que, en esta realidad, tú nunca nacerás.

—Espera, espera... ¿Qué? —Hugo se quedó petrificado, casi **sin poder articular palabra**.

—Sé que tu padre os ha ayudado mucho. Es *amiguito* de la *Presidenta* y compañía. Me da igual. Por mucha ayuda que os haya brindado no ha servido para nada. Habéis creado una realidad que existe a la vez que la línea del tiempo. Es lo que tiene jugar a cambiar el **futuro**: que siempre afecta al **pasado**.

—¿Por qué crees que tu amiga está en la línea temporal del universo y tú no? Aquella **impostora** te engañó. **Lleva años mintiéndote**. Pensaste que ibas por el buen camino, pero no. ¿Veías normal poder ver a tu **padre** y abrazarle? ¿En serio? ¿Hace cuánto tiempo se fue, Hugo?

—**¡YA BASTA!** —Hugo interrumpió a la Doctora Martínez, con las lágrimas recorriendo su mejilla. Seguía inmovilizado por sus *esbirros*.

—¿Qué es lo que quieres, *Martínez*? —dijo Hugo.

—Esa es una buena pregunta. Parece que ya **empezamos a entendernos**. Quiero que no volváis a tocar nunca más el universo. **El tiempo**. Todo tiene que seguir **su curso**.

—Perdona… ¿Estás diciendo que quieres que la tecnología se adueñe de todo? —intervino Helena.

—Solo os estoy diciendo lo que necesitáis para poder salir de este **embrollo**. Vosotros decidís si queréis volver a vuestra "normalidad" o si queréis meteros en un lío aún más grande del que habéis sido capaces de generar.

¿Por qué habríamos viajado hasta la fecha de mi cumpleaños? ¿Qué quería decirnos mi **padre** enviándonos hasta este día?

—Entonces, ¿Por qué estoy aquí *Doctora*? ¿No será que **teméis que Hugo nazca hoy**? —dijo Helena.

—*Señorita Borges*... Aún sigue sorprendiéndome. Habríamos hecho tantas cosas juntas... Podríamos haber creado un verdadero **imperio**. No se le escapa una. No voy a engañarla: **así es** —añadió Martínez.

—¡HELENA, CORRE! ¡VE AL HOSPITAL! Debemos asegurarnos de que todo estará bien —gritó Hugo, mientras se intentaba zafar de aquellos tipos.

—*Señor Domínguez*: da igual cuánto corra. Da igual lo que intenten. Un **plan** es un **plan**. En la línea temporal del universo nacerás. Tranquilo. **Nadie puede cambiar eso.** Otra cosa bien distinta es que tú seas *Hugo Domínguez*... En la era digital todo es posible, hasta **cambiar la etiqueta de un bebé recién nacido y modificar sus datos**... ¿A qué suena genial?

¡LLEVADLO AL COCHE! Y llamad a la *Doctora Vera Bravo*, decidle que vamos para allá —exclamó con firmeza la *Doctora Martínez*.

—¿¿¿¿¡¡¡**PERO QUÉ...!!!???** No tienes corazón, *Martínez*, no tienes corazón —dijo Helena, llorando.

—A veces un plan implica grandes esfuerzos. Quizás tu **amigo** sea más feliz con **otra familia**.

—No lo dudo. ¿Y sabes por qué? Porque **él será especial vaya a donde vaya** y tenga el **nombre que tenga**. Yo tuve una **familia de acogida, mi familia.** ¿Y sabes qué? **No la cambiaría por nada** —dijo Helena.

—Suerte, *Helena*. **Pronto nos veremos.** Conserva este **teléfono** para poder recibir mis indicaciones. Si quieres volver a ver a tu amigo, tendrás que ayudarme. Es el precio de vuestra **libertad** —la llamada se cortó, mientras la *Doctora Martínez* dejaba la frase a medias. Helena lloraba sin parar. No tenía consuelo alguno. Pero recordó algo que una vez habló con Hugo:

<<*No sabemos cuán fuerte somos hasta el momento en que necesitamos serlo*>>.

ASÍ SOMOS, **HUGO**.

SEGUIRÉ ESCRIBIENDO EN ESTE **BLOG**.

SEGUIRÉ **BUSCÁNDOTE**, COMO TÚ ME HAS BUSCADO A MÍ. Y LO **CONSEGUIREMOS**.

PORQUE ESO ES LO QUE HACEN LOS **AMIGOS**. CUIDAN **LOS UNOS DE LOS OTROS**.

PORQUE **SIEMPRE SEREMOS UNO**.

PORQUE **JUNTOS SOMOS MÁS FUERTES**.

Y PORQUE **UNIDOS HAREMOS HISTORIA**.

Y AQUÍ, EN ESTE **VACÍO UNIVERSO**, SIN QUE AÚN HAYAS **NACIDO**, SOLO HAY UNA **PERSONA** QUE PUEDA **AYUDARME**.

Helena programó su reloj.

Puso una fecha un tanto **atípica**.

LA FINAL DEL MUNDIAL 2082.

Helena se disponía a viajar **al futuro**.

—¡Helena! ¡SAL DE AHÍ! ¡NOOOOOO!

—¿Decías algo, *querubín*?

—**¿HELENA?** ¡HELENAAAA! —gritó Hugo.

—Creía que no iba a volver a verte… Ufff. Suerte que Valeria me dijo que el agujero no se terminó de cerrar del todo —añadió Hugo, con voz titubeante.

—Ah, vale, **Valeria**… ¿*Valeria*? ¿Qué *Valeria*?

—¿Estás de cachondeo otra vez? ¿Cómo que qué Valeria? **Valeria Domínguez**, mi hermana —dijo Hugo, señalando a aquella chica que estaba a su lado.

—Creo que me va a dar un **soponcio**… ¡¡Ay maaaaaaaaaaaaaaaaaaaadreeeeeeeeeeeeeeeeeeeeeee!!

—¿Estás bien, Helenita? Parece que hubieras visto a un **monstruo**. Soy **Valeria**, ¡¡*tu Vale*!! —añadió Valeria, con entusiasmo, mientras abrazaba a Helena con efusividad.

—¿Ehhh? Ehhh, siiiiii… Claaaarooooo… Esto… El caso es que… **Tenemos que hablar, Hugo**. ¿Me haces *hueco* en tu **tiempo**? —dijo Helena, sonriendo, mientras caía al suelo en redondo, **desmayada**.

¿Y QUIÉN IBA A ESTAR PREPARADO?

Nadie lo sabía. A veces, las cosas pasan porque tienen que pasar… **El futuro no está escrito**… ¿O sí?

<<Hugo Domínguez & Helena Borges>>>

(+ Valeria Domínguez ☺)